Jennifer Prior

Asesor

Timothy Rasinski, Ph.D.
Kent State University

Alan J. Cross,
Automotive Engineer

John Goldfluss,
Pilot

Créditos

Dona Herweck Rice, *Gerente de redacción*
Lee Aucoin, *Directora creativa*
Robin Erickson, *Diseñadora*
Conni Medina, M.A.Ed., *Directora editorial*
Stephanie Reid, *Editora de fotos*
Rachelle Cracchiolo, M.S.Ed., *Editora comercial*

Créditos de las imágenes

Cover ssuaphotos/Shutterstock; p.3 Samuel Acosta/Shutterstock; p.4 Karen Hadley/Shutterstock; p.5 top to bottom: Sylvie Bouchard/Shutterstock; Elena Elisseeva/Shutterstock; p.6 left to right: Getty Images; Mechanics' Magazine vol. 57, 1852 via Google Books; LOC-LC-USZ62-100556; p.7 top to bottom: Canicula/Shutterstock; Johan Swanepoel/Shutterstock; p.7 left to right: LOC-LC-USZ62-6166A; LOC-LC-USZ62-15783; LOC-LC-USZ62-94567; p.8 left to right: LOC-LC-DIG-ppmsc-0610; LOC-LC-DIG-ppprs-00683; p.9 LOC-LC-USZ62-6166A; p.10-11 LOC-LC-USZ62-108514; p.10 LOC-LC-DIG-ggbain-35317; p.11 LOC-LC-USZ62-45002; p.12 Kamira/Shutterstock; p12-13 Jacques Rouchon/akg-images/Newscom; p.13 Mirrorpix/Newscom; p.15 iPhotos/Shutterstock; p.16 Ilja Mašík/Shutterstock; p.17 top to bottom: Vibrant Image Studio/Shutterstock; Carlos E. Santa Maria/Shutterstock; p.18 Peteri/Shutterstock; p.19 top to bottom: ssuaphotos/Shutterstock; yuyangc/Shutterstock; p.20 Denis Barbulat/Shutterstock; p.21 top to bottom: Carlos E. Santa Maria/Shutterstock; p.21 Paul Matthew Photography/Shutterstock; p.22 AFP/Getty Images; p.23 Inara Prusakova/Shutterstock; p.24 sjlocke/iStockphoto; p.25 top to bottom: withGod/Shutterstock; photobank.chShutterstock; p.26 Demid Borodin/Shutterstock; p.26 inset: 3DDock/Shutterstock; p.28 Kamira/Shutterstock; background: alekup/Shutterstock; back cover: J van der Wolf/Shutterstock

Basado en los escritos de *TIME For Kids*.

Teacher Created Materials
5301 Oceanus Drive
Huntington Beach, CA 92649-1030
http://www.tcmpub.com

ISBN 978-1-4333-4470-1

Tabla de contenido

Avión

Avión, avión, de tan alto vuelo,
en medio del azul de este cielo.
Con qué facilidad te remontas
y en la suave brisa luego flotas.

réplica de la ala Bristol kite, 1910 ▲

Más de 700 millones de personas en los Estados Unidos vuelan cada año.

Breve historia de los aviones

¿Alguna vez has mirado las aves y deseado que pudieras volar? Al parecer, los seres humanos siempre han soñado con volar. Es más, varias personas intentaron construir máquinas voladoras desde principios del siglo XIX.

¿Qué es?

Modelo es una palabra que tiene muchos significados. Aquí, significa un objeto usado como plano para construir otra cosa.

¿Cuál sería un buen modelo para un avión? Tal vez pienses que el cuerpo de un pájaro sería el mejor modelo. Muchas personas lo intentaron. Sin embargo, las máquinas que construyeron así no funcionaron.

Cronología del vuelo

21 de nov. de 1783

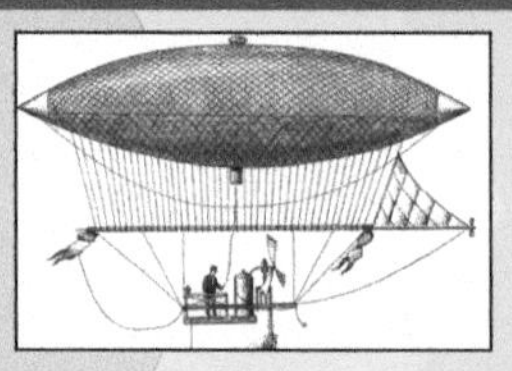

Jacques Alexandre, César Charles y M.N. Robert vuelan en el primer globo de hidrógeno.

1853

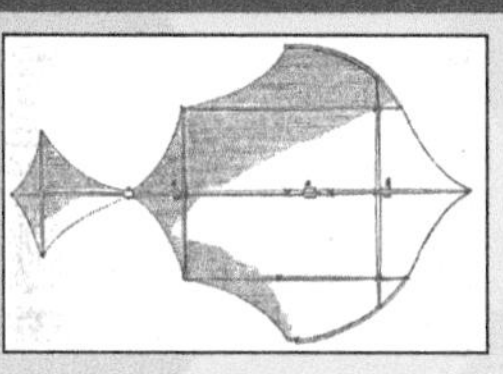

vuelo del primer planeador de George Cayley

2 de julio de 1900

vuelo del primer zepelín

17 de dic. de 1903

Los hermanos Wright logran el primer vuelo en aeroplano.

13 de nov. de 1907

Paul Cornu es el primero en volar un helicóptero tripulado.

25 de julio de 1909

Louis Blériot es el primero en cruzar el Canal de la Mancha en un avión.

Los hermanos Wright

Fueron dos hermanos quienes hicieron realidad el sueño de volar. Orville y Wilbur Wright fueron los primeros en construir un avión con motor que pudo volar. Primero, tuvieron que resolver varios problemas. Dos de los problemas fueron construir un motor lo suficientemente ligero, que pudiera elevarse del suelo, y luego mantener el avión en el aire.

▲ Orville Wright

▲ Wilbur Wright

¿Quién estableció el récord?

Ese día de 1903, tanto Orville como Wilbur volaron, dos veces cada uno. El cuarto vuelo, realizado por Wilbur, fue el más largo, con una distancia de 852 pies en 59 segundos.

Cronología del vuelo

Octubre de 1909	Septiembre de 1911	10 de dic. de 1911
Elise de Laroche, de Francia, se convierte en la primera mujer piloto.	Se transporta el primer correo aéreo en los Estados Unidos.	Cal Rodgers realiza el primer vuelo transcontinental.

En diciembre de 1903, Orville voló en el primer avión con motor. No voló muy lejos, ni tampoco muy alto, ¡pero voló! Los aeroplanos mejoraron con el paso de los años. Ya podían transportar más personas y volar más lejos.

¿El primero en volar?

Los hermanos Wright no fueron los primeros en surcar el aire. Ya se habían realizado vuelos en globos aerostáticos y planeadores. Sin embargo, los hermanos fueron los primeros en volar un aeroplano con motor, tripulado, más pesado que el aire y controlado. ¡Fue un logro sorprendente!

▼ Orville Wright realizó el primer vuelo tripulado en 1903.

1º de marzo de 1912	15 de junio de 1921	9 de mayo de 1926
Albert Berry realiza el primer salto en paracaídas desde un avión con motor.	**Bessie Coleman es la primera mujer piloto afroamericana.**	**Richard Byrd y Floyd Bennett son los primeros en volar sobre el Polo Norte.**

Charles Lindbergh

Los primeros aeroplanos sólo volaban sobre tierra. Aunque había aumentado la distancia de viaje de los aeroplanos, aún no podían volar grandes distancias. Esto cambió en 1927. Ese año, un señor llamado Charles Lindbergh cruzó el océano Atlántico en un avión.

Lindbergh voló de Nueva York a París, Francia. El viaje duró más de 33 horas.

El afortunado Lindy

A Lindbergh lo llamaban "Lucky Lindy," que quiere decir el afortunado Lindy. Su fama sirvió para difundir información sobre los aviones y aumentar su popularidad. Lindbergh también trabajó para mejorar los aviones y los vuelos en aeroplano.

Cronología del vuelo

20–21 de mayo de 1927	17 de junio de 1928	15 de mayo de 1930
Charles Lindbergh logra el primer vuelo solitario sin escalas de un lado al otro del océano Atlántico.	Amelia Earhart es la primera mujer en volar de un lado al otro del océano Atlántico.	Ellen Church es la primera auxiliar de vuelo.

Realizó el viaje sin dormir. Para mantenerse despierto, Lindbergh sacaba la cabeza por la ventanilla para recibir el frío chorro de aire en el rostro.

Hubo una gran celebración cuando llegó a París. Después del vuelo, se convirtió en héroe y los viajes en aeroplano cambiaron para siempre.

▼ el avión de Lindbergh, el *Spirit of St. Louis*

Amelia Earhart

En 1928, Amelia Earhart se convirtió en la primera mujer en cruzar el océano Atlántico en un avión. En 1932, logró el vuelo en un tiempo récord de 14 horas con 56 minutos. Murió en 1937 cuando intentaba volar alrededor del mundo.

1º de dic. de 1935	17 de dic. de 1935	1936
Inicia operaciones el primer centro de control de tráfico aéreo.	Despega el primer avión comercial de **pasajeros**.	Se construye la primera cabina **presurizada**.

Vuelos comerciales

Las **fuerzas armadas** fueron las primeras en utilizar aviones de manera general. Se usaron algunos aviones en la Primera Guerra Mundial, pero su uso generalizado ocurrió en la Segunda Guerra Mundial.

Las guerras mundiales

En la Primera Guerra Mundial (1914 a 1918) y la Segunda Guerra Mundial (1939 a 1945) pelearon varios países del mundo. Los aviones tuvieron un papel importante en las dos guerras. Con los aviones se disparaban balas y caían bombas desde el cielo.

Cronología del vuelo

1939	18 de sept. de 1947	14 de oct. de 1947
vuelo del primer jet o avión a reacción	Se establece la Fuerza Aérea de los Estados Unidos.	Charles Yeager es el primero en superar la velocidad del sonido.

Después de la Segunda Guerra Mundial, había muchos aviones que no se usaban. Fue entonces cuando comenzaron a emplearse para fines **comerciales**.

Para los años 50, los aviones eran muy populares. Se usaban para viajes de larga distancia más que cualquier otro tipo de transporte.

▼ abordando un avión

▼ dentro de un avión en la década de 1950

2 de marzo de 1949	1958	1969
Se realiza el primer vuelo sin escalas alrededor del mundo.	Se crea la Administración Federal de Aviación.	La primera nave espacial tripulada aterriza en la Luna.

Cómo funcionan los aviones

¿Alguna vez te has preguntado cómo es posible que una máquina tan grande se levante del suelo? La respuesta está en la **aerodinámica**.

Un avión debe tener un motor muy potente. El motor crea un **empuje** hacia adelante. Después, debe haber fuerza suficiente para empujar al avión hacia arriba.

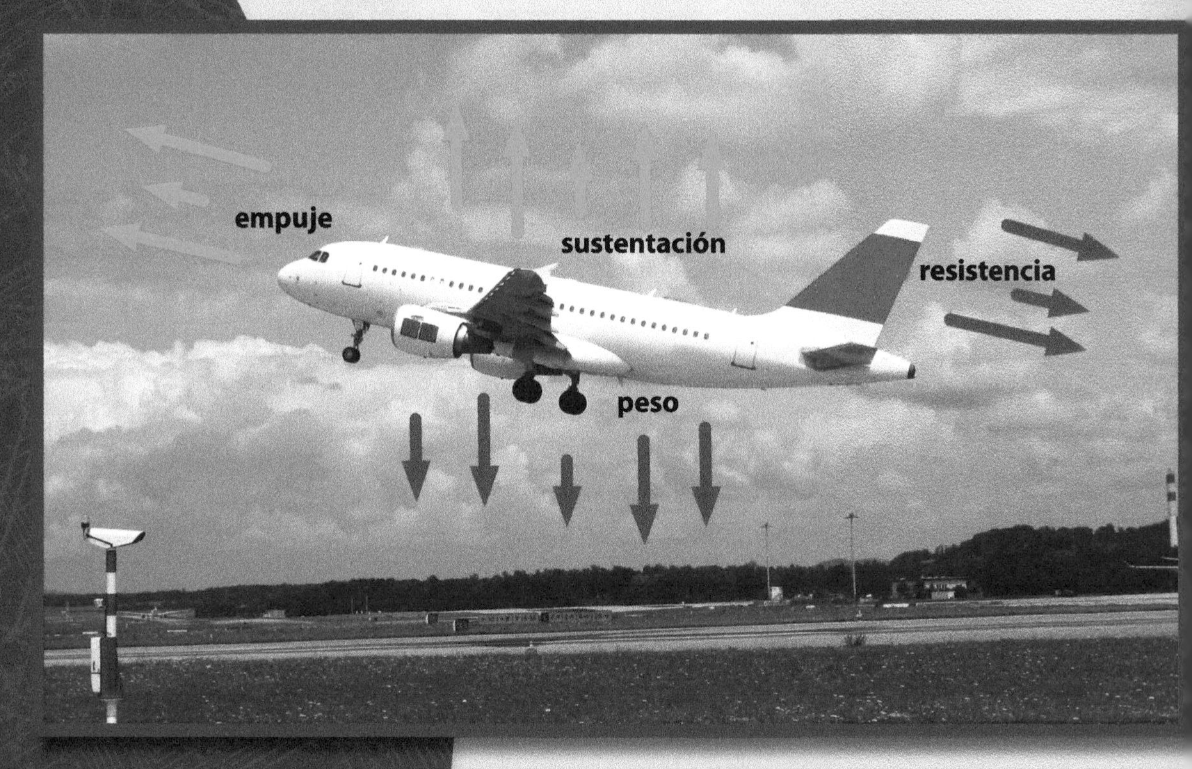

▲ Un avión se despega usando las cuatro fuerzas mostradas en el diagrama de arriba.

▲ Un avión puede despegar tanto del agua como de la tierra. La sustentación mantiene al avión en el aire.

¿Alguna vez has sacado la mano por la ventanilla de un carro en movimiento? Recuerdas cómo el aire empuja tu mano hacia arriba. Esta fuerza se llama **resistencia**.

Las alas transforman la resistencia en una fuerza llamada **sustentación**. Esta fuerza es el resultado de la forma y el ángulo de las alas y mantiene al avión en el aire.

Las piezas de un avión

Un avión tiene muchas piezas que lo ayudan a volar. El cuerpo de un avión se conoce como **fuselaje**. Aquí es donde se sientan el piloto y los pasajeros. Para controlar el avión y mantenerlo nivelado se usan ciertas partes de las **alas**.

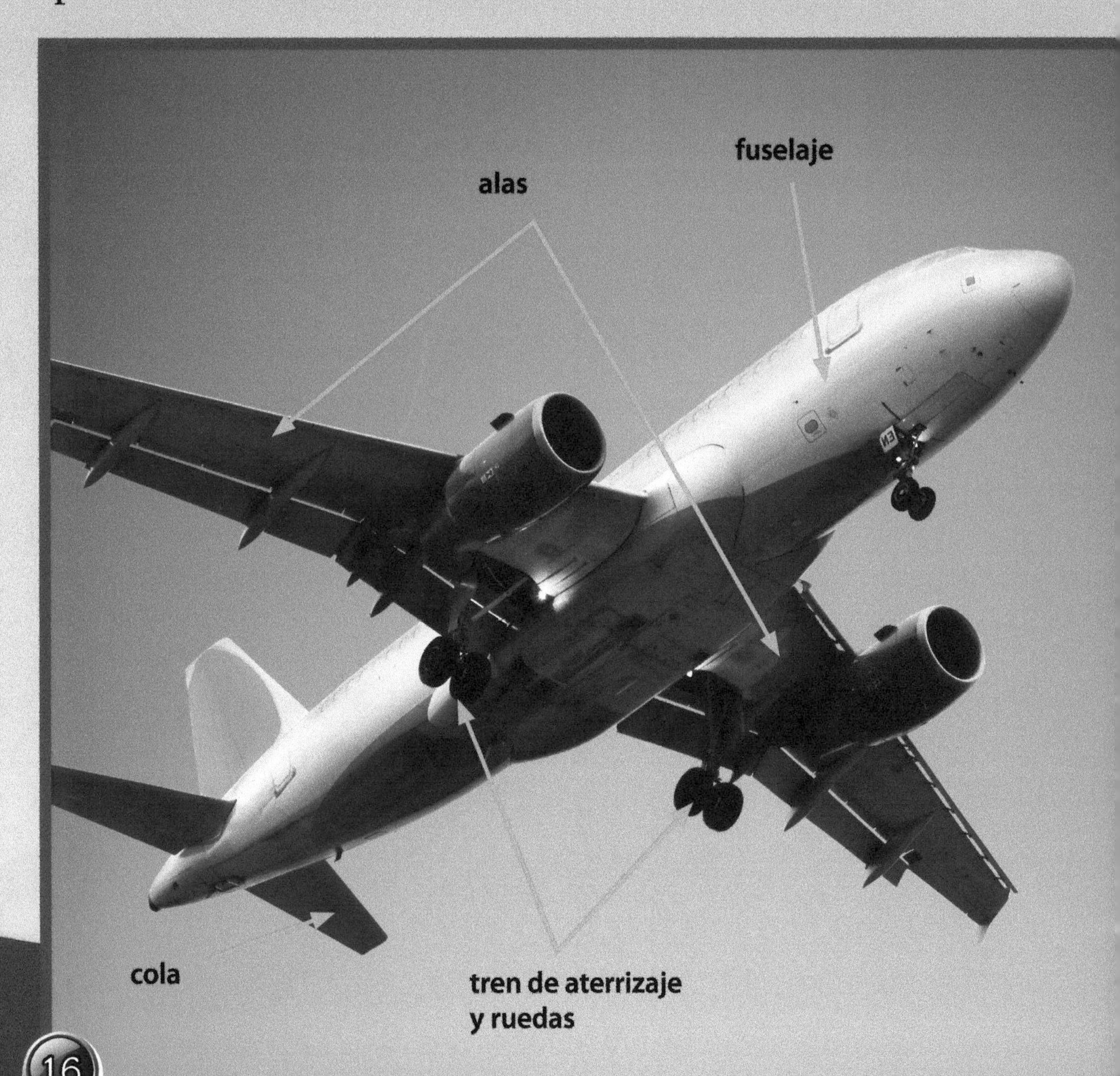

Las alas levantan al avión del suelo. La **cola** hace que el avión suba y baje y lo ayuda a girar. El **tren de aterrizaje** está debajo del fuselaje del avión. Cuando un avión aterriza, las ruedas del fuselaje del avión descienden. Las ruedas permiten que el avión aterrice con suavidad.

▲ Después de que se pone el sol, los pilotos usan las luces de la pista de aterrizaje para aterrizar el avión.

▼ el tren de aterrizaje y las ruedas

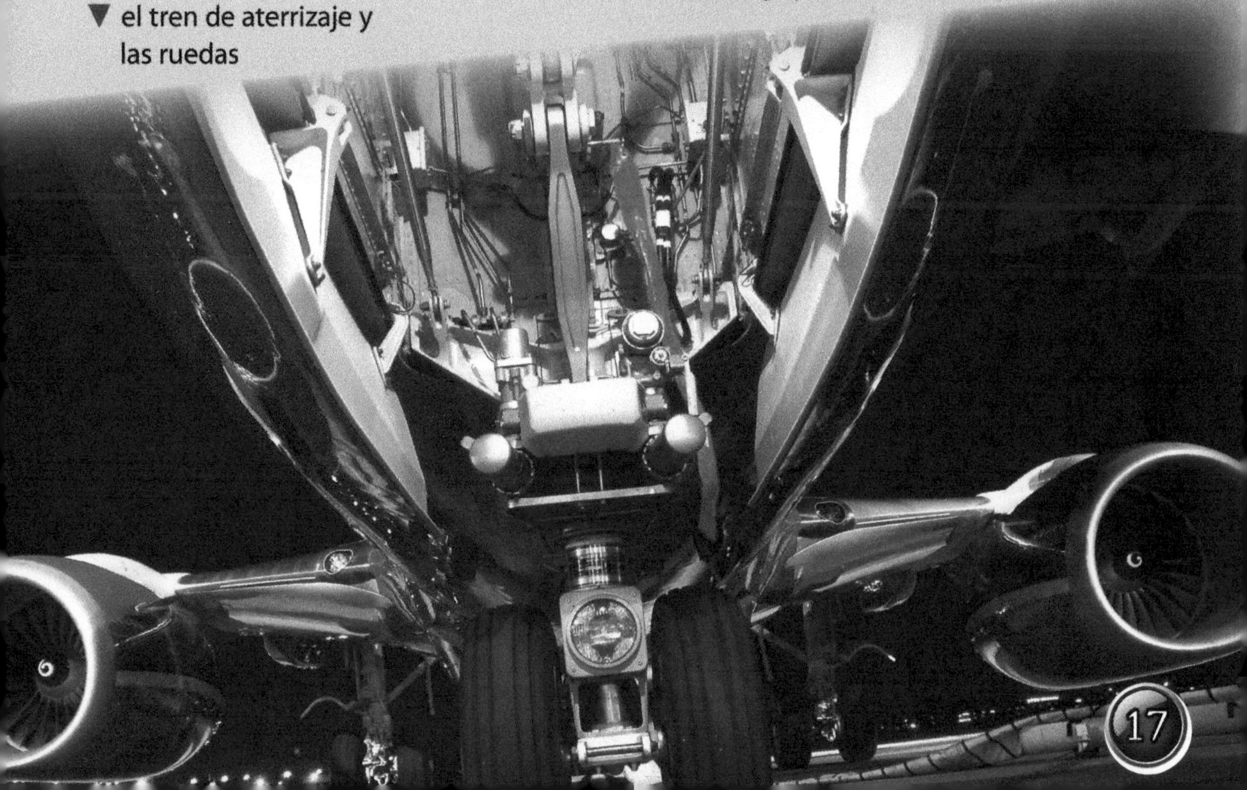

Algunos aviones utilizan **hélices**. Estas giran como ventiladores. Son impulsadas por el motor del avión.

Otros aviones usan **motores de reacción**. El motor de reacción utiliza **combustible** y aire para mover el avión. Este tipo de motor es muy potente. Hace que el avión viaje muy rápido.

El diseño de los aviones ha cambiado con los años. Las alas se han movido a otras posiciones. Así, los aviones pueden despegar en **pistas de aterrizaje** más cortas.

▼ avión de hélice

▲ avión de reacción (jet)

▲ motor de reacción

El interior de un avión

El interior de un avión se compone de muchas partes. El diagrama de abajo muestra las diferentes partes del interior de un avión.

El interior

La parte interior del avión donde se sientan los pasajeros se llama la **cabina principal**. Durante el vuelo, los pasajeros y el personal pueden usar el **retrete**. Así se le llama al baño de un avión. El piloto y copiloto se sientan en la **cabina de mando**.

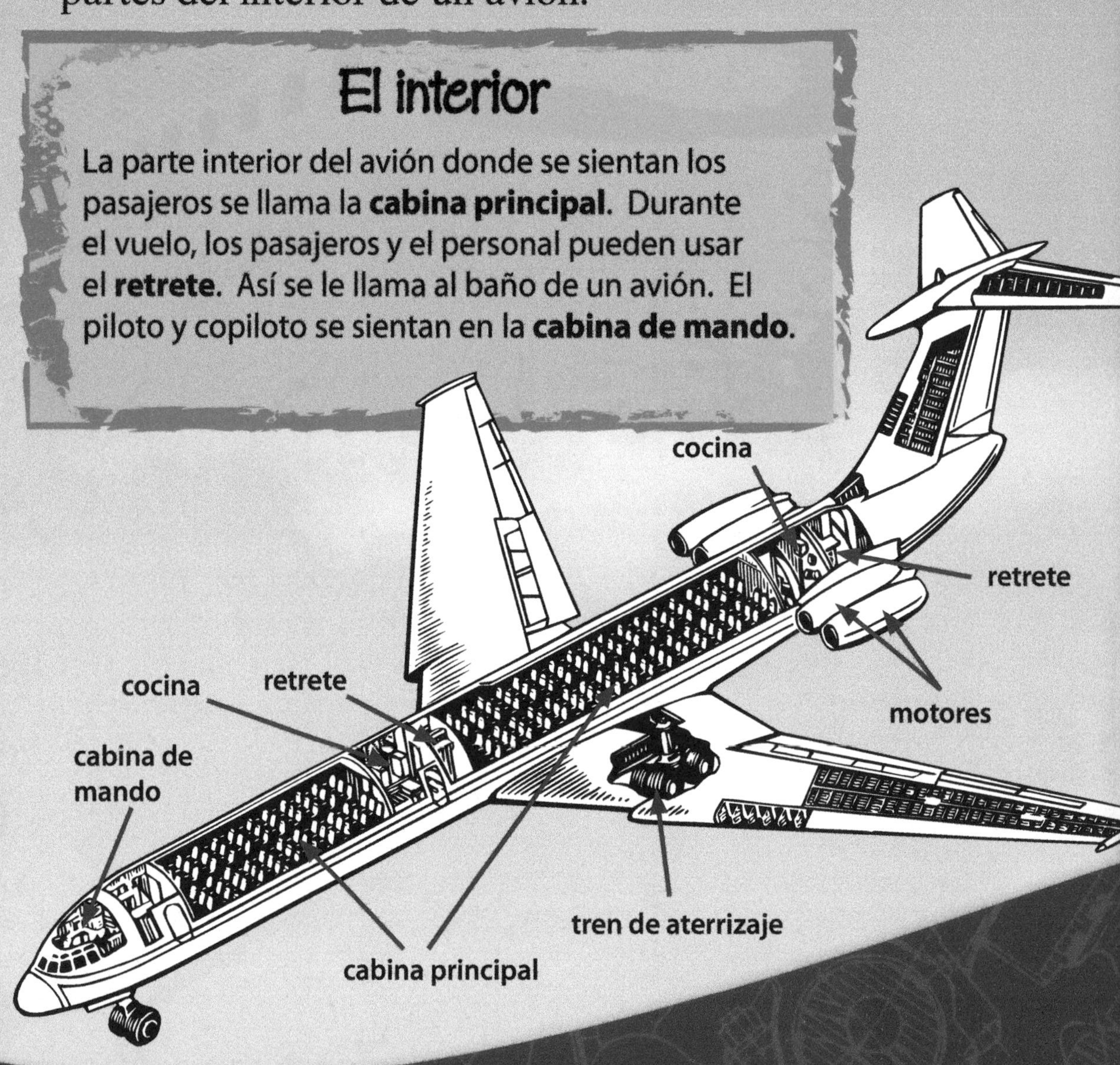

▲ dentro de la cabina de mando

◄ Mientras los pasajeros abordan por un lado del avión, el equipaje se carga en el interior del avión.

Cabinas presurizadas

Los primeros aviones no podían volar a más de 10,000 pies de altitud. Si llegaban más alto, la gente en el interior se mareaba y podía desmayarse. Cuanto más alto vuela un avión, menos aire hay. Si hay menos aire, entonces hay menos **oxígeno**.

Sin embargo, los pilotos querían volar más alto para sobrevolar las tormentas y evitarlas. Las tormentas hacen que los vuelos sean muy agitados. Por lo tanto, se construyeron aviones que resolvieran este problema.

▼ dentro de una cabina

En la actualidad, el interior de los aviones está presurizado. Esto significa que se bombea aire a la cabina. Así, hay oxígeno suficiente. Los aeroplanos pueden volar mucho más alto y los pasajeros están más cómodos.

Empaca de manera inteligente

El aeropuerto es responsable por cada maleta que viaje en el avión. Con casi un billón de vuelos cada año, ¡es tanto equipaje! Asegúrate de que tu maleta esté segura y que siga estas pautas:

- Chequea la última lista de artículos permitidos en el avión.
- Empaca ligero. No traigas más de lo que necesitas. Te alegrarás de hacerlo cuando estés cargando tus maletas.
- No empaques cosas frágiles ni caras. Si necesitas traerlas, cárgalas en el avión contigo. No las pongas en una maleta.
- No empaques computadores portátiles u otros electrónicos.
- No empaques alimentos ni bebidas. Puedes traer un tentempié en el avión, pero puede ensuciarse en tu maleta.

Seguridad en los aviones

La seguridad es la prioridad más importante para los pilotos y asistentes de vuelo. Entrenan muchas horas para mantener a los pasajeros seguros. Practican cómo enfrentar problemas técnicos y de mal clima.

Turbulencia

Se siente la turbulencia mientras los aviones viajan por el aire. Se puede sentir como un paseo agitado en carro o como una montaña rusa. Normalmente, no hay peligro. Sin embargo, es importante llevar tu cinturón de seguridad cuando vuelas. La turbulencia puede ocurrir cuando nadie la espera. Tu cinturón de seguridad te mantiene seguro cuando hay turbulencia.

¡Seguridad primero!

Los pasajeros también tienen un papel importante en la seguridad. Sigue estas pautas cuando vueles para hacerlo tan seguro como sea posible.

- Escucha cuidadosamente cualquier instrucción de los pilotos o de los asistentes de vuelo y siempre lleva puesto tu cinturón de seguridad.
- Busca las salidas y asegúrate que haya un camino despejado en caso de que tengas que salir del avión rápidamente.
- Apaga los teléfonos celulares y otros aparatos electrónicos. Pueden afectar el equipo del avión.

Transporte en avión

Los viajes aéreos han facilitado la vida de muchas personas. Podemos volar a lugares lejanos en un tiempo corto. Viajamos en avión para visitar a parientes y amigos y para ir de vacaciones. Muchas personas hacen vuelos de negocios con regularidad. Los aeroplanos son ahora más grandes, rápidos y seguros. Es posible viajar de día o de noche a casi cualquier lugar del mundo.

Glosario

aerodinámica—el estudio de las fuerzas que se forman cuando un objeto se mueve por el aire

alas—las partes de un avión usadas para levantarlo del suelo y mantenerlo nivelado

cabina de mando—la área de un avión donde se sientan el piloto y copiloto

cabina principal—la área interior de un avión donde viajan los pasajeros

cola—la parte trasera de un avión, que lo ayuda a volar de manera uniforme y mantenerse estable en el aire

combustible—algo que se quema para obtener energía

comercial—utilizado para ganar dinero; usado para transportar bienes

empuje—la fuerza que causa un movimiento hacia adelante

fuerzas armadas—los soldados y protectores de un país

fuselaje—el cuerpo de un aeroplano

hélices—aspas, como las de un ventilador, que se utilizan para generar empuje y mover aeroplanos y barcos

motor de reacción—un motor potente que libera gases a presión por la parte trasera de un objeto para moverlo

oxígeno—un gas que no tiene color ni sabor, y que los seres humanos necesitan para respirar

pasajeros—las personas que viajan en aviones y otros medios de transporte

pista de aterrizaje—un camino especial que los aviones usan para despegar y aterrizar

presurizado—sellado de manera que pueda bombearse al interior aire normal, inclusivo oxígeno, sin que se escape

resistencia—la fuerza creada cuando un objeto empuja contra el aire

retrete—el baño de un avión

sustentación—la fuerza, generada por las alas, que mantiene un avión en el aire

tren de aterrizaje—las ruedas y el equipo amortiguador de impactos, ubicado debajo de un avión

Índice